MARTÍ'S SONG for FREEDOM

Martí y sus versos por la libertad

by Emma Otheguy
with excerpts from *Versos sencillos* by José Martí
illustrations by Beatriz Vidal

Spanish translation of story by Adriana Domínguez

Children's Book Press,
an imprint of Lee & Low Books Inc.
New York

Para mis padres, quienes en largos viajes a Miami me enseñaron
las palmas reales y me contaron de José Martí—E.O.

A mi padre, que nos regaló memorias llenas de ternura,
poesías y humor—B.V.

When José was a young boy,
his father took him to the countryside,
where he listened to the crickets chirp
and the roosters crow.
José bowed to the *palmas reales,*
the grand royal palms that shaded the path
where he rode his horse.
He chased the river
as it swelled with the rains
and rushed on to the saltwater sea.

José fell in love with his home island, Cuba.

I am an honest man
From the land where the palm trees grow,
And before I die I'd like
To sing the song of my soul.

Cuando José era pequeño,
su padre lo llevó al campo,
donde oyó el canto de los grillos
y el cacareo de los gallos.
José hizo una reverencia ante las palmas reales
que brindaban sombra a su camino
cuando andaba a caballo.
Persiguió al río,
cuando crecía por la lluvia
y corría hacia el mar salado.

José se enamoró de su isla de Cuba.

Yo soy un hombre sincero
De donde crece la palma,
Y antes de morirme quiero
Echar mis versos del alma.

One day, José saw a rich man forcing
men and women to cut sugarcane.
José recognized in the enslaved people
souls like his own—souls that should be free.
Their enslavement made José shake with rage.

When he returned to his home in Havana,
José read about the Civil War in the United States.
He admired President Abraham Lincoln
and everyone who fought to abolish slavery.
José wished he could help end slavery in Cuba.

I know of a heavy burden
First among all sorrows:
The enslavement of men and women
Is the greatest misery!

Un día, José vio a un hombre rico que obligaba
a hombres y mujeres a cortar caña.
En los esclavos, José reconoció almas como la suya,
almas que merecían ser libres.
La furia que José sintió hacia la esclavitud
hizo estremecer su cuerpo entero.

Cuando regresó a su casa en La Habana,
José leyó sobre la Guerra Civil de Estados Unidos.
Admiraba al Presidente Abraham Lincoln
y a todos los que luchaban por abolir la esclavitud.
José deseaba ayudar a eliminar la esclavitud en Cuba.

Yo sé de un pesar profundo
Entre las penas sin nombres:
¡La esclavitud de los hombres
Es la gran pena del mundo!

But Spain ruled the island
and wouldn't let Cubans into the government.
Spain didn't respect the diversity
of the Cuban people—
Spanish, African, Chinese, indigenous,
some a mix of all of these—
or their demands for fair treatment.

In 1868, the Cuban people started a war
to gain independence from Spain.

Pero la isla estaba bajo el control de España
que no permitía que los cubanos formaran
parte de su gobierno.
España no respetaba la diversidad de los cubanos:
españoles, africanos, chinos, indígenas,
y también mestizos.
Tampoco escuchaba sus demandas de justicia.

En 1868, los cubanos declararon la guerra
contra España para lograr su independencia.

The Spanish fought hard to keep Cuba
because the sugar grown by enslaved people
made them wealthy.
José didn't care about money and being rich.
He loved Cuba and all of its people.

José wrote for newspapers
and handed out pamphlets
declaring that the Spanish were cruel
and that Cuba should be free!
His words made the Spanish furious.

Give the vain man his costly gold
That sparkles and burns in the fire:
To me, give me the endless forest
When the sun shines through.

Los españoles lucharon duro
para mantener su control sobre Cuba
porque el azúcar que cultivaban los esclavos
los enriquecía.
A José no le interesaba el dinero, ni ser rico.
Él amaba a Cuba y a toda su gente.

José escribió en periódicos
y repartió folletos
denunciando la crueldad de los españoles
¡y declarando que Cuba debía ser libre!
Sus palabras enfurecieron a los españoles.

Denle al vano el oro tierno
Que arde y brilla en el crisol:
A mí denme el bosque eterno
Cuando rompe en él el sol.

José was taken away to jail
and forced to work in a quarry,
where he pulled stones from a giant pit
and wore shackles that weighed him down
and tore his skin.

José would forever have the scars of jail,
where his song of freedom and love for Cuba
were trapped.

The Spanish agreed to release José,
but only if he left Cuba.
At seventeen years old, José was sent away
from his beloved island and the palmas reales.

Llevaron preso a José
y lo obligaron a trabajar en las canteras,
extrayendo rocas de un enorme hoyo,
encadenado con pesados grilletes
que rasgaban su piel.

José llevaría para siempre las cicatrices
de su encarcelamiento,
que por un tiempo enjauló sus versos
y su amor por la patria.

Los españoles finalmente le otorgaron la libertad,
a cambio de que se marchara de Cuba.
A los diecisiete años, José fue desterrado
de su adorada isla y sus palmas reales.

But José's song could not be silenced.
José would continue to fight
for Cuba's independence!

He traveled from country to country,
to speak about Cuba and his wish for democracy.
José settled in Nueva York,
where he gave speeches and wrote newspaper articles,
and joined forces with workers to support Cuba's fight.

Wherever he went, José was inspired
to find people who also believed
in equality and liberty.

I come from every place,
And I'm on the road to everywhere:
I am art amid the arts,
And in the mountain chain, a link.

Pero no lograron silenciar sus versos.
¡José continuaría luchando
por la independencia de Cuba!

Viajó de un país a otro,
para hablar de Cuba y de su anhelo por la democracia.
José se estableció en Nueva York,
donde dio discursos y escribió artículos en periódicos,
y se unió a los trabajadores que apoyaban la lucha
por la libertad de Cuba.

En todas partes, José encontraba
gente que lo inspiraba, porque como él,
creía en la igualdad y la libertad.

Yo vengo de todas partes,
Y hacia todas partes voy:
Arte soy entre las artes,
En los montes, monte soy.

José was dazzled by Nueva York,
with its electric lights, new businesses,
and inventive people.

But as the years passed,
José saw that when people rushed around,
they became blind.
People didn't notice the misery of the homeless
or the beauty in the faces around them.
José yearned for tall trees
and wide-open fields to love.

Nueva York deslumbró a José
con sus luces eléctricas, negocios nuevos
y población ingeniosa.

Pero al paso de los años,
José notó que cuando la gente corría continuamente,
se volvía ciega.
No veía la miseria de los desamparados,
o la belleza en los rostros de los seres a su alrededor.
José añoraba los árboles majestuosos
y el campo abierto que tanto amaba.

When he was weary,
José would go to the Catskill Mountains,
where Rip Van Winkle had his so-long sleep.
There, José rested among the trees and birds
that he missed so much.

My song is of the palest green
And the fieriest crimson:
My song is a wounded deer
That in the countryside, seeks safety.

Cuando se sentía abatido,
José iba a las montañas Catskills,
donde Rip Van Winkle cayó en aquel sueño profundo.
Allí, José descansaba entre los árboles y los pájaros
que tanto extrañaba.

Mi verso es de un verde claro
Y de un carmín encendido:
Mi verso es un ciervo herido
Que busca en el monte amparo.

In the Catskills, José splashed in the waterfalls,
hiked through the *helecho*,
the ferns that lined the paths,
and admired the thick bark of the oak trees.

José loved the mountains and their cool purple mist,
but the sighing of the pine trees,
moving with one breath,
reminded him of the swaying
palmas reales of Cuba.
It filled him with homesickness.

En las montañas, José chapoteaba en las cascadas,
atravesaba los helechos que bordeaban los senderos,
y admiraba la gruesa corteza de los robles.

José amaba las montañas y sus frescas neblinas moradas,
pero el suspiro colectivo de los pinos,
que se mecían a un mismo son
le recordaba el vaivén de sus palmas reales cubanas.
Y lo llenaba de nostalgia por su patria.

In the mountains, there was freedom—
the grass grew wild
and seemed to whisper
that Cuba still needed him.

Now José's song found a pen,
and he wrote freely, he wrote verses
about his love for the beauty of the Catskills
and his longing for home.

I know the secret names
Of the wild grasses and flowers,
And yet I know too well,
Deadly lies, and deepest pain.

La libertad se sentía en las montañas.
La yerba crecía silvestre
y parecía susurrarle:
Cuba aún te necesita.

Allí, los versos de José hallaron su tinta
y comenzaron a fluir.
Escribió versos acerca de su amor
por la belleza de las montañas Catskills
y su ansia por regresar a su hogar.

Yo sé los nombres extraños
De las yerbas y las flores,
Y de mortales engaños,
Y de sublimes dolores.

José's soul was awakened.
The time had come to rile up others' hearts
and fight against Spain again.

José flew back to Cuba, like an eagle healed,
to join in a new war for independence.
He served as a soldier
alongside his people in battle.

I've seen the wounded eagle
Fly to the clear blue sky,
And I've seen the snake lie dying
From its own poison, alone in its lair.

El alma de José despertó.
Había llegado el momento de animar a la gente
a luchar contra España una vez más.

Como ave que recobra su vuelo, José volvió a Cuba
para unirse a la nueva lucha por la independencia.
Luchó como soldado,
junto con sus compatriotas.

Yo he visto al águila herida
Volar al azul sereno,
Y morir en su guarida
La víbora del veneno.

José fought bravely,
but in the Battle of Two Rivers
he died, with the sunlight on his face.
He didn't live to see his dreams come true,
but José's friends carried his words in their hearts
and finished the fight.

José Martí helped free Cuba,
and to all of us he left these simple verses
that keep the rhythm of the palmas reales,
and that sing forever of freedom.

José luchó valientemente,
pero en el combate de Dos Ríos perdió la vida
con la luz del sol iluminándole el rostro.
No llegó a ver su sueño realizado,
pero sus aliados llevaron las palabras de José
en sus corazones hasta que lograron la victoria.

José Martí contribuyó a la liberación de Cuba
y a todos nos dejó sus versos sencillos,
que cantan al ritmo de las palmas reales,
y evocarán para siempre la libertad.

AFTERWORD

José Martí, called Pepe (a nickname for "José") by his friends and family, was born in Cuba in 1853. His father, a former Spanish soldier, struggled to find enough work to support Martí and his seven sisters. From a young age, Martí excelled in school, especially in writing. His mother and father were proud of his aptitude, but they never wanted him to become involved in politics and risk the family's stability.

Martí's commitment to emancipation was sparked by his personal observations of slavery. He was also aware of what was happening around the world, especially in the United States. From the docks in Havana, he and his best friend, Fermín Valdés Domínguez, watched the ships of the Union blockade in the Florida Straits, and they read every news story they could find about the Civil War (1861–1865). When President Abraham Lincoln was assassinated, they wore hemp bracelets to commemorate his death.

Cuba's Ten Years' War started in 1868 when a plantation owner named Carlos Manuel de Céspedes declared he would fight for independence from Spain. He freed the men and women enslaved on his plantation to fight under him. As the war evolved, enslaved people and free blacks organized to fight for emancipation as well as independence. Although the rebels were unsuccessful and Cuba remained a colony, slavery was finally abolished in 1886. The teenage José Martí supported the Ten Years' War, and his first published work was in praise of the rebels. As a result, Martí was arrested and exiled from Cuba.

Even after the failure of the Ten Years' War, Martí was unwilling to give up on Cuban independence. He traveled throughout Latin America and the United States, building a network of financial and military support. In the 1880s and 1890s, Martí lived in Nueva York. He was at once dazzled and horrified by the city, and that sentiment is reflected in his famous essay "Nuestra América." In the essay, Martí criticized the aggression and incursions of the United States in Latin America, but he also urged Latin Americans to fight colonialism and oppression as the United States had done. During this time, Martí also published the children's magazine *La edad de oro*. The stories from this collection are widely read to this day and are beloved throughout the Spanish-speaking world.

Martí sometimes visited the Catskill Mountains, a hundred miles north of Nueva York, in the Hudson Valley. His poetry collection *Versos sencillos* was written during one of these trips.

In these poems, Martí revealed a love both for the island landscape of Cuba and the mountains of New York State. Martí was as committed to poetry as he was to politics, and he is considered one of the founders of a literary movement called *modernismo*, exemplified by elegant and musical poetry. Today, stanzas from *Versos sencillos* are included in the song "Guantanamera," which has been recorded by many famous artists, including Cuban American singer Celia Cruz.

Martí continued to fight for Cuban independence after he returned from the Catskills. He coordinated with other Cubans, particularly veterans of the Ten Years' War, such as Máximo Gómez and Antonio Maceo, to form the Cuban Revolutionary Party. Their goal was to gain independence from Spain and organize a democracy that protected the rights of all citizens, regardless of skin color or nation of origin.

The Cuban War for Independence began in 1895. Martí wanted to do more than write: He wanted to fight for his country. Martí traveled to Cuba by boat, and against the advice of General Gómez, he joined the war. After only a few weeks, Martí died in his first battle, but Cubans kept fighting and formally gained independence in 1902.

In 1945, the mayor of Nueva York, Fiorello H. La Guardia, renamed Sixth Avenue in Manhattan as Avenue of the Americas, and later a statue of José Martí was placed near the entrance to Central Park. Nearby are statues of two other Latin Americans, Simón Bolívar and José de San Martín. These statues honor everyone who fought against slavery and the tyranny of colonialism. Although Cuba is only one island and Martí was only one man, his story speaks to the struggles faced by every nation in the Americas.

AUTHOR'S NOTE

Martí's passion for poetry, nature, and democracy bridged the values of Latin America and the United States. Martí was a man of both lands who longed for Cuba even as he was inspired by New York State. When I read Martí's poems and think about the links he created between the United States and Latin America, between Nueva York and Havana, I feel that I'm like Martí, from every place and on the road to everywhere: a Latina, and an American.

EPÍLOGO

José Martí, o "Pepe", como lo llamaban sus amigos y familia, nació en Cuba en 1853. Su padre, quien había sido soldado español, tuvo dificultades para encontrar trabajo y para mantener a José y a sus siete hermanas. Martí fue un estudiante excelente desde muy pequeño, sobre todo en la escritura. Aunque sus padres se sentían muy orgullosos de su capacidad, no querían que su hijo se involucrara en la política y arriesgara la estabilidad familiar.

El fervor que Martí sintió hacia la emancipación nació de sus propias observaciones de la esclavitud. También se mantenía al tanto de los acontecimientos mundiales, sobre todo en Estados Unidos. Desde el puerto de La Habana, Martí y su mejor amigo, Fermín Valdés Domínguez, observaban los barcos de la Unión bloquear el estrecho de la Florida, mientras leían todas las noticias que podían encontrar sobre la Guerra Civil estadounidense (1861-1865). Cuando el presidente Abraham Lincoln fue asesinado, los amigos se pusieron pulseras de cáñamo para honrar su muerte.

La Guerra de los Diez Años cubana comenzó en 1868, cuando un hacendado llamado Carlos Manuel de Céspedes declaró que lucharía por independizarse de España y liberó a sus esclavos para llevarlos a la batalla. A medida que la guerra evolucionó, los esclavos y afrocubanos libres comenzaron a organizarse para luchar por la independencia cubana y la emancipación. Aunque los rebeldes no lograron la independencia y Cuba permaneció siendo colonia española, la esclavitud fue erradicada en 1886. José Martí apoyó la Guerra de los Diez Años desde su adolescencia, y sus primeras escrituras exaltaron a los rebeldes. A raíz de ello, Martí fue arrestado y desterrado de Cuba.

Aún después del fracaso de la Guerra de los Diez Años, Martí no se hallaba dispuesto a renunciar a su deseo de conseguir la independencia cubana. Viajó por toda Latinoamérica y Estados Unidos solicitando apoyo militar y económico para el esfuerzo. En las décadas de 1880 y 1890, Martí vivió en Nueva York. La ciudad lo fascinó y aterró a la vez. Sus sentimientos fueron documentados en su famoso ensayo "Nuestra América". En él, Martí criticó las agresivas intervenciones de Estados Unidos en Latinoamérica, a la vez que animó a los latinoamericanos a luchar contra el colonialismo y la opresión como lo había hecho ese país. Fue durante esa época que Martí publicó la revista infantil *La edad de oro*. Las historias publicadas por esa revista siguen siendo leídas y apreciadas por todo el mundo hispanohablante hasta el día de hoy.

Martí iba de vez en cuando a las montañas Catskills, a cien millas (160 kilómetros) de Nueva York, en el Valle del Hudson. Su colección de poesía, titulada *Versos sencillos*, fue escrita durante una de esas visitas. En sus versos, Martí revela su amor por la naturaleza de la isla de Cuba y de las montañas neoyorquinas. Martí sentía tanta devoción por la poesía como por la política, y es considerado uno de los fundadores del movimiento literario llamado "modernismo", del cual su elegante y lírica poesía es un singular ejemplo. Estrofas de sus *Versos sencillos* se encuentran en la canción "Guantanamera", que ha sido grabada por muchos cantantes famosos, como la cubanoamericana Celia Cruz.

Martí continuó luchando por la independencia cubana después de regresar de las montañas Catskills. Se unió a otros cubanos, sobre todo, veteranos de la Guerra de los Diez Años como Máximo Gómez y Antonio Maceo, para formar el Partido Revolucionario Cubano. Su meta era ganar la independencia de España y establecer una democracia que protegiera los derechos de todos los ciudadanos, sin importar el color de su piel o su lugar de nacimiento.

La Guerra de Independencia cubana comenzó en 1895. Martí deseaba hacer más que escribir: deseaba luchar por su país. Martí viajó a Cuba por barco y, sin hacer caso de los consejos del General Gómez, se unió a la batalla. Martí murió en su primer combate, unas semanas después, pero los cubanos continuaron la batalla y lograron la independencia en 1902.

En 1945, el alcalde de Nueva York Fiorello H. La Guardia, designó la Sexta Avenida de Manhattan "Avenida de las Américas" y luego una estatua de José Martí fue colocada a la entrada del Parque Central. Cerca de allí, se hallan estatuas de otros dos libertadores latinoamericanos: Simón Bolívar y José de San Martín. Estos monumentos honran la memoria de todos aquellos que lucharon contra la esclavitud y la tiranía del colonialismo. Aunque Cuba es solo una isla y Martí solo un hombre, su historia sirve de ejemplo de los retos que han enfrentado todas las naciones de las Américas.

NOTA DE LA AUTORA

La pasión que Martí sintió hacia la poesía, la naturaleza y la democracia forjó un puente entre Latinoamérica y Estados Unidos. Martí perteneció a ambas tierras: aún cuando añoraba regresar a Cuba, recibió inspiración del Estado de Nueva York. Cuando leo los poemas de Martí y pienso en los lazos que creó entre Estados Unidos y Latinoamérica y entre La Habana y Nueva York, me siento como él: viniendo de todas partes, y hacia todas partes yendo; al mismo tiempo latina y norteamericana.

EXCERPTS FROM *VERSOS SENCILLOS*

1.
Yo soy un hombre sincero
De donde crece la palma,
Y antes de morirme quiero
Echar mis versos del alma.

2.
Yo sé de un pesar profundo
Entre las penas sin nombres:
¡La esclavitud de los hombres
Es la gran pena del mundo!

3.
Denle al vano el oro tierno
Que arde y brilla en el crisol:
A mí denme el bosque eterno
Cuando rompe en él el sol.

4.
Yo vengo de todas partes,
Y hacia todas partes voy:
Arte soy entre las artes,
En los montes, monte soy.

5.
Mi verso es de un verde claro
Y de un carmín encendido:
Mi verso es un ciervo herido
Que busca en el monte amparo.

6.
Yo sé los nombres extraños
De las yerbas y las flores,
Y de mortales engaños,
Y de sublimes dolores.

7.
Yo he visto al águila herida
Volar al azul sereno,
Y morir en su guarida
La víbora del veneno.

1.
I am an honest man
From the land where the palm trees grow,
And before I die I'd like
To sing the song of my soul.

2.
I know of a heavy burden
First among all sorrows:
The enslavement of men and women
Is the greatest misery!

3.
Give the vain man his costly gold
That sparkles and burns in the fire:
To me, give me the endless forest
When the sun shines through.

4.
I come from every place,
And I'm on the road to everywhere:
I am art amid the arts,
And in the mountain chain, a link.

5.
My song is of the palest green
And the fieriest crimson:
My song is a wounded deer
That in the countryside, seeks safety.

6.
I know the secret names
Of the wild grasses and flowers,
And yet I know too well,
Deadly lies, and deepest pain.

7.
I've seen the wounded eagle
Fly to the clear blue sky,
And I've seen the snake lie dying
From its own poison, alone in its lair.

ACKNOWLEDGMENTS

This book was inspired by my parents, who read me stories from *La edad de oro* and who embody every day the capacity to hold two homelands, two cultures, and two languages within oneself. When I was a child, they talked endlessly about their lives in Cuba, while staying ever-present in the very different lives my brother and sister and I shared. I hope this book captures my love for the palm trees of my parents' homeland and the oak trees of nuestro Nueva York; I hope this book also conveys what it means to me that Martí, too, knew, loved, and was inspired by these two places.

I'd like to acknowledge my editor, Jessica Echeverria, and my agent, Adriana Domínguez, for believing in the fragments of rhythms, images, and scholarship that informed my early drafts, and for drawing out the book we now have in our hands. They saw this manuscript through several years and many incarnations, and I am grateful for their faith as well as for their hard work. I'd also like to thank Nora Comstock and all the Comadres, whose network helped me connect with both Jessica and Adriana.

Several people, including my critique partners, heard early drafts of this book. I benefitted particularly from the insights of Eileen Robinson, Jenny Brown, and Susannah Richards.

I am indebted to the Interlibrary Loan staff at New York University's Bobst Library and everyone at the New York Society Library for the resources and quiet space they provided me.

And last, but most important, love and thanks to Timbo, without whom there isn't a chance I would have ever gone hiking in the Catskill Mountains.

AGRADECIMIENTOS

Este libro fue inspirado por mis padres, quienes me leyeron cuentos de *La edad de oro* cuando pequeña, y que día a día demuestran la capacidad de pertenecer a dos tierras, dos culturas y dos idiomas. Cuando era niña, siempre me hablaban de sus vidas en Cuba sin dejar de estar presentes en las realidades tan diferentes que mi hermano, mi hermana y yo compartíamos. Espero que este libro capte mi amor por las palmas reales de la tierra de mis padres y de los robles de nuestro Nueva York. También espero que exprese lo que significó para mí saber que Martí conoció, quiso y se sintió inspirado por estos dos lugares.

Me gustaría agradecer a mi editora, Jessica Echeverria y a mi agente, Adriana Domínguez, por creer en los fragmentos, ritmos, imágenes e investigaciones que inspiraron los primeros borradores, y por ayudarme a desarrollar el libro que ahora tenemos en las manos. Ellas leyeron este manuscrito a través de los años y en sus varias formas, y les agradezco tanto su fe, como sus esfuerzos. También quisiera agradecer a Nora Comstock y a todas las Comadres, cuya organización me ayudó a ponerme en contacto con Jessica y Adriana.

Varias personas, incluyendo a mi grupo de críticas, escucharon borradores de este libro. Los comentarios de Eileen Robinson, Jenny Brown y Susannah Richards me fueron particularmente útiles.

Quedo endeudada con el personal de Préstamos Interbibliotecarios de la Biblioteca Bobst de la Universidad de Nueva York y la Biblioteca de la Sociedad de Nueva York por los recursos y el espacio tranquilo que me proporcionaron.

Finalmente y sobre todo, mi amor y gracias a Timbo, sin quien seguramente no hubiera ido a hacer excursionismo en las Montañas Catskills.

ACKNOWLEDGMENTS

This book was inspired by my parents, who read me stories from *La edad de oro* and who embody every day the capacity to hold two homelands, two cultures, and two languages within oneself. When I was a child, they talked endlessly about their lives in Cuba, while staying ever-present in the very different lives my brother and sister and I shared. I hope this book captures my love for the palm trees of my parents' homeland and the oak trees of nuestro Nueva York; I hope this book also conveys what it means to me that Martí, too, knew, loved, and was inspired by these two places.

I'd like to acknowledge my editor, Jessica Echeverria, and my agent, Adriana Domínguez, for believing in the fragments of rhythms, images, and scholarship that informed my early drafts, and for drawing out the book we now have in our hands. They saw this manuscript through several years and many incarnations, and I am grateful for their faith as well as for their hard work. I'd also like to thank Nora Comstock and all the Comadres, whose network helped me connect with both Jessica and Adriana.

Several people, including my critique partners, heard early drafts of this book. I benefitted particularly from the insights of Eileen Robinson, Jenny Brown, and Susannah Richards.

I am indebted to the Interlibrary Loan staff at New York University's Bobst Library and everyone at the New York Society Library for the resources and quiet space they provided me.

And last, but most important, love and thanks to Timbo, without whom there isn't a chance I would have ever gone hiking in the Catskill Mountains.

AGRADECIMIENTOS

Este libro fue inspirado por mis padres, quienes me leyeron cuentos de *La edad de oro* cuando pequeña, y que día a día demuestran la capacidad de pertenecer a dos tierras, dos culturas y dos idiomas. Cuando era niña, siempre me hablaban de sus vidas en Cuba sin dejar de estar presentes en las realidades tan diferentes que mi hermano, mi hermana y yo compartíamos. Espero que este libro capte mi amor por las palmas reales de la tierra de mis padres y de los robles de nuestro Nueva York. También espero que exprese lo que significó para mí saber que Martí conoció, quiso y se sintió inspirado por estos dos lugares.

Me gustaría agradecer a mi editora, Jessica Echeverria y a mi agente, Adriana Domínguez, por creer en los fragmentos, ritmos, imágenes e investigaciones que inspiraron los primeros borradores, y por ayudarme a desarrollar el libro que ahora tenemos en las manos. Ellas leyeron este manuscrito a través de los años y en sus varias formas, y les agradezco tanto su fe, como sus esfuerzos. También quisiera agradecer a Nora Comstock y a todas las Comadres, cuya organización me ayudó a ponerme en contacto con Jessica y Adriana.

Varias personas, incluyendo a mi grupo de críticas, escucharon borradores de este libro. Los comentarios de Eileen Robinson, Jenny Brown y Susannah Richards me fueron particularmente útiles.

Quedo endeudada con el personal de Préstamos Interbibliotecarios de la Biblioteca Bobst de la Universidad de Nueva York y la Biblioteca de la Sociedad de Nueva York por los recursos y el espacio tranquilo que me proporcionaron.

Finalmente y sobre todo, mi amor y gracias a Timbo, sin quien seguramente no hubiera ido a hacer excursionismo en las Montañas Catskills.

SELECTED BIBLIOGRAPHY

Bejel, Emilio. *José Martí: Images of Memory and Mourning.* New York: Palgrave Macmillan, 2012.

Echevarría, Roberto González. Introduction to *Selected Writings*, by José Martí, ix-xxvi. Edited and translated by Esther Allen. New York: Penguin, 2002.

Esteban, Ángel. Introduction to *Cuentos completos: La edad de oro y otros relatos*, by José Martí, ix–xliii. Barcelona: Anthropos, 1995.

Ferrer, Ada. *Insurgent Cuba: Race, Nation, and Revolution, 1868–1898.* Chapel Hill: The University of North Carolina Press, 1999.

López, Alfred J. *José Martí: A Revolutionary Life.* Austin: University of Texas Press, 2014.

Mañach, Jorge. *Martí: Apostle of Freedom.* Translated by Coley Taylor. New York: Devin-Adair, 1950. Originally published as *Martí, el apostol* (Madrid: Espasa-Calpe, 1933).

Martí, José. Letter to the editor, *La Nación*, November 2, 1888. In *Obras completas*, 12:51–57. La Habana, Cuba: Editorial de Ciencias Sociales del Instituto Cubano del Libro, 1975.

———. Letter to the editor, *La Nación*, November 2, 1890. In *Obras completas*, 12:441–445. La Habana, Cuba: Editorial de Ciencias Sociales del Instituto Cubano del Libro, 1975.

———. *Selected Writings*. Edited and translated by Esther Allen. New York: Penguin, 2002.

———. *Versos sencillos*. La Habana, Cuba: Editorial Letras Cubanas, 1993. First published 1891 by Louis Weiss.

Otheguy, Emma Adelaida. "Sermonizing in New York: The Children's Magazines of Mary Mapes Dodge and José Martí." In *Ethics and Children's Literature*, edited by Claudia Mills and Claudia Nelson, 29–40. Burlington, VT: Ashgate Publishing, 2014.

Sarracino, Rodolfo. *José Martí en el Club Crepúsculo de Nueva York: En busca de nuevos equilibrios.* La Habana, Cuba: Centro de Estudios Martianos, 2010

Scott, Rebecca. *Slave Emancipation in Cuba: The Transition to Free Labor, 1860–1899.* Princeton, NJ: Princeton University Press, 1985.

Tellechea, Manuel A. Introduction to *Versos sencillos/Simple Verses*, by José Martí, 1–11. Translated by Manuel A. Tellechea. Houston: Arte Público Press, 1997.

QUOTATION SOURCE

Back cover: "And let us . . . nature has created." José Martí, quoted in *Our America: Writings on Latin America and the Struggle for Cuban Independence* translated by Elinor Randall, with additional translations by Juan de Onis and Roslyn Held Foner; edited, with an introduction and notes by Philip S. Foner (New York: *Monthly Review Press*, 1977), p. 29.